新华社解放军分社　编

勋章

强国功勋　热血报国

新华出版社

图书在版编目（CIP）数据

勋章：强国功勋　热血报国／新华社解放军分社编.
－－北京：新华出版社, 2022.9（2025.2重印）

ISBN 978-7-5166-6267-0

Ⅰ.①勋…　Ⅱ.①新…　Ⅲ.①人物－先进事迹－中国－现代

Ⅳ.①K820.7

中国版本图书馆CIP数据核字（2022）第066884号

勋章：强国功勋　热血报国

编　　者： 新华社解放军分社

出 版 人： 匡乐成		**选题策划：** 许　新	
责任编辑： 沈文娟　祝玉婷　丁　勇		**封面设计：** 今亮后声·赵晓冉	

出版发行： 新华出版社

地　　址： 北京石景山区京原路8号　　　　**邮　　编：** 100040

网　　址： http://www.xinhuapub.com

经　　销： 新华书店、新华出版社天猫旗舰店、京东旗舰店及各大网店

购书热线： 010－63077122　　　　**中国新闻书店购书热线：** 010－63072012

照　　排： 六合方圆

印　　刷： 大厂回族自治县众邦印务有限公司

成品尺寸： 170mm×240mm　1/16

印　　张： 11.5　　　　　　　　　　　　**字　　数：** 85千字

版　　次： 2022年9月第一版　　　　　　**印　　次：** 2025年2月第二次印刷

书　　号： ISBN　978-7-5166-6267-0

定　　价： 58.00元

目　录

麦贤得

『八一勋章』获得者

性别	男
民族	汉族
出生年月	一九四五年十二月
入伍日期	一九六三年十二月

个人简介 中共党员，广东饶平人，原九一七〇八部队副部队长。

个人事迹 一九六五年『八六』海战中，他在弹片插在头部、脑浆外露、鲜血模糊双眼的情况下，坚持战斗三个小时，凭着惊人的战斗意志和过硬的素质本领，在几台机器、几十条管路、几百个螺丝里，检查出一个只有拇指大的被震松的油阀螺丝，成功排除故障，确保了机器正常运转和舰艇安全。他的英勇战斗事迹被媒体广泛报道，在全社会引起巨大反响，被誉为『钢铁战士』。荣立一等功，荣获『八一勋章』和『战斗英雄』『全国自强模范』等称号，二〇一九年被授予『人民英雄』国家荣誉称号。

麦贤得

做好一颗小小的"螺丝钉"

2021年8月6日，刚过完76岁"生日"的麦贤得，已然淡忘了自己真正的生日。

这一天，成为他铭记一生的日子——

"经历了那场血与火洗礼的战斗，是党和人民给了我第二次生命。"指着自己右前额的伤疤，麦贤得一字一顿地说。

1965年8月6日凌晨，福建东山岛附近海面，爆发了新中国成立后规模最大的一次海战——"八六"海战。

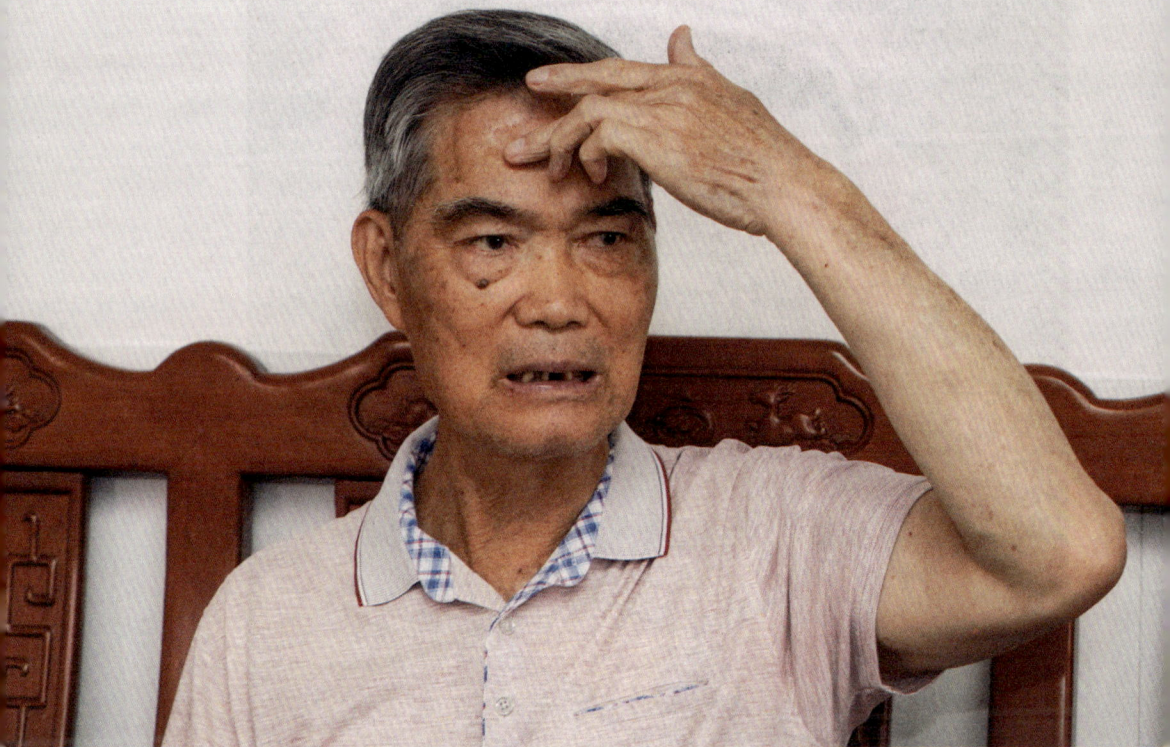

★ 麦贤得额头上还能看到当年战斗时留下的伤疤（2021 年 5 月 22 日摄）。

新华社发　栾铖 摄

★ 年轻时的海军战士麦贤得。

新华社发

> 当兵就是要保卫祖国的神圣领土。为党、为祖国、为人民，祖国走哪里，我们跟哪里走，把革命进行到底。建设强大的海军，永远永远前进前进再前进。
>
> ——"八一勋章"获得者 麦贤得

海战中，我海军611艇机电兵麦贤得因头部受到弹片重创陷入昏迷，伤处流出的脑脊液和血糊住了他的眼睛。苏醒后，麦贤得忍着巨大的疼痛仍坚持作战，凭着娴熟的技能排除了舰艇战损故障，坚守战位直到战斗胜利。

因为此役，麦贤得被国防部授予"战斗英雄"荣誉称号，611艇被海军授予"海上英雄艇"荣誉称号。

经历了4次手术的麦贤得，因头部重伤留下了失忆、语言障碍等严重后遗症，但"永远听党话"的信

★ 1966年3月18日，中国人民解放军海军和广州部队领导机关在广州隆重举行命名大会，根据国防部和共青团中央分别发出的命令和所作的决定，授予海军某部轮机兵麦贤得以"战斗英雄"和"模范共青团员"称号。

新华社记者 王世田 摄

★ 图为"人民英雄"国家荣誉称号获得者麦贤得（2019 年 9 月 28 日摄）。

新华社记者　李贺 摄

★ 2021 年 5 月 22 日，麦贤得与老伴李玉枝在小区里散步。

新华社发 栾铖 摄

念，他从未忘却。

"我的第二次生命是党和人民给的，我要回报祖国，回报社会，跟党走，为人民服务！"走下战场的麦贤得，说得最多的就是"做得不够，还不够"，始终不遗余力地传递战斗精神和爱国热情。

祖国和人民，同样没有忘记人民的英雄。

2017年7月，在中国人民解放军建军90周年之际，中央军委首次颁授"八一勋章"，习近平主席亲自为麦贤得佩挂"八一勋章"、颁发证书。授勋命令写道："麦贤得同志是意志坚强、不怕牺牲的钢铁战士。"

2019年9月，首次中华人民共和国国家勋章和国家荣誉称号颁授仪式隆重举行，习主席授予麦贤得"人民英雄"国家荣誉称号。

统帅的深情牵挂，祖国和人民给予的无上荣誉，让年过七旬的麦贤得永志不忘要"做好一颗小小的'螺丝钉'"。

如今，伴随着人民海军发展壮大的脚步，

"海上英雄艇"荣誉称号已传承了三代。半个多世纪过去了，而麦老英雄的目光，始终没有离开这艘英雄的舰艇和这支炮火中诞生的英雄部队。

"要锻炼'夜老虎'的过硬本领，发扬一不怕苦、二不怕死的精神。"麦贤得每年都会回"家"——"海上英雄艇"所属的某导弹艇大队，与年轻官兵座谈交流，讲述海战场景、回忆战斗故事，鼓励年轻官兵树立崇高的人生追求，努力为党和国家作贡献。

"八六"海战后不久，部队根据麦贤得负伤前的多次入党申请，以及战斗中的突出表现，批准他为预备党员。

"老麦始终没有忘记，作为一名共产党员的神圣职责和光荣使命。"麦贤得老伴李玉枝说。

麦贤得坚持每年参加军地各种公益活动，在部队、学校、企业、厂矿进行革命传统教育和爱国主义教育，受邀担任过多所大、中、小学校的校外辅导员。

"青少年是祖国的未来、民族的希望，一定要牢

★ 战斗英雄麦贤得幸福的一家。（1997 年 2 月 12 日发）

新华社发　张金跃 摄

记肩负的使命。"2021 年 5 月 20 日，在广州市番禺区天星学校"弘扬红色文化、传承红色基因"活动上，麦贤得对学生们殷殷寄语。在全校师生的见证下，他向以自己名字命名的班级，郑重颁授了"学习英雄先进班"奖旗。

类似这样的活动，年逾古稀的麦贤得近几个月来已经参加了 5 场。

为让母校广东省饶平县洪北镇洪北小学的学生有书读、读好书，麦贤得、李玉枝省吃俭用，购买一批书柜、桌椅和书籍，捐建了一座图书室，并联系社会爱心人士捐款，设立了专项奖学金。

2020 年初，汕头市支援湖

★ 2021 年 5 月 21 日，麦贤得为来家中探望他的官兵题写"为人民服务"。

新华社发　栾铖 摄

青少年是祖国的未来、民族的希望，一定要牢记肩负的使命。

——"八一勋章"获得者 麦贤得

北抗击新冠疫情医疗队收到了一笔 10 万元捐款，落款署名"一名老兵"。"后来我们才知道，有关方面几经辗转找到了这位老兵——老英雄麦贤得。"一名医疗队队员说。

多年来，麦贤得和家人省吃俭用，对需要帮助的人却慷慨解囊：1995 年，汕头市成立残疾人协会，他闻讯后捐出 200 元；1996 年，他了解到当地一家工厂多名工人受伤，立即以"一名老兵"的名义捐款 500 元……

"我曾受到过各级多次表彰，老麦每次都'自作主张'，把奖金捐给了希望工程。"李玉枝笑着说。

为了纪念"八六"海战，麦贤得与同艇的几位战友都把生日改成 8 月 6 日，并将自己的一双儿女取名"海斌"和"海珊"。在红色家风的影响下，麦海斌、麦海珊相继考入海军院校，迈入人民海军队列，都曾在重大任务中因表现突出立功受奖。

"为人民服务"——党的百年华诞之际，已有 50 多年党龄的麦贤得用饱蘸深情的笔墨，写下一名共产党员的不变初心。

（新华社广州 2021 年 8 月 11 日电，新华社记者黄明、于晓泉、刘一诺，原标题:《"人民英雄"麦贤得：做好一颗小小的"螺丝钉"》）

马伟明

性别	男
出生年月	一九六〇年四月
民族	汉族
入伍日期	一九七八年十月

个人简介 中共党员，江苏扬中人，中国工程院院士，海军工程大学舰船综合电力技术国防科技重点实验室主任、教授。

个人事迹 他长期致力于舰船电力系统领域研究，始终以提高国家核心竞争力、军队战斗力为己任，聚力自主创新，勇攀科技高峰，带领团队破解科技难题，取得重大成果，多次获国家和军队科技进步奖，为我国国防武器装备现代化建设和高层次人才培养作出重要贡献，用实际行动诠释了矢志强军、履行使命的责任担当。荣立一等功两次，被评为『人民海军七十周年突出贡献个人』，二○一七年荣获『八一勋章』。

马伟明

心系强军、锐意创新的科研先锋

打开世界科学发展史册，从英国科学家法拉第发现电动机的基本原理，到德国韦纳四兄弟大办工厂、研发电机并广泛推广应用，西方国家在电机领域一直领跑世界，其重大关键技术至少比我国先进几十年。

1978年，我国迎来"文化大革命"结束后的第二届高考。马伟明恰逢其时，被海军工程学院（海军工程大学前身）录取，并在毕业3年后重返母校攻

★ 2010 年 9 月 29 日，马伟明（中）在指导学生。

新华社发　刘迎军 摄

★ 马伟明在指导学生（资料照片）。

新华社发　刘迎军 摄

你要颠覆性的东西，那一定都是别人没想到或者做不出来的，真正的引领要从概念提出都是你的。现在我认为当下的科技革命对未来的武器发展，一个很典型的变化，就是电磁能和电磁能复合化学能要逐步取代化学能和化学能复合机械能的方式，特别在发射领域，基本可以说，未来新的技术会层出不穷的出现，那么我们团队，应该说在这个方面做了大量的探索，发明了一系列世界上没有的。

——"八一勋章"获得者 马伟明

读研究生。从此，痴迷于电机领域前沿研究且初露锋芒的马伟明，在科技兴军的征程上奋起直追、弯道超越，完成了从"跟跑者""并行者"到"领跑者"的转变，为我国锻造出一件件制胜深蓝的国之重器。

20 世纪 90 年代初，在恩师张盖凡教授的指导下，马伟明带领课题组，用仅有的 3.5 万元，造了 2 台小型十二相发电机，在洗漱间改造的简陋实验室里开展研究。整整 6 个春秋，他们反复试验，在对数十万组数据综合分析的基础上，终于成功研制出带整流负载的多相同步电机稳定装置，发明了带稳定绕组的多相整流发电机，从根本上解决了"固有振荡"这道世界性难题。

受此鼓舞，马伟明带领团队马不停蹄，再接再厉，先后研制出世界首台交直流双绕组发电机系统和高速感应发电机系统，确立了我国在舰船发供电系统领域国际领先的地位。

2001 年，41 岁的马伟明当选中国工程院最年轻的院士，可谓功成名就。许多人劝他该放松一点了，他却说："只要稍微歇口气，别人就会跑到我们前面去。如果我现在不拼命，国家选我这个年轻的院士又有什么意义！"

舰船综合电力系统，是舰船由机械推进向电力推进转变的一次技术革命。

10 多年前，马伟明的目光就瞄准这一目标。当时，国外的技术路线是中压交流。经过反复研判，

★ 马伟明（右三）与团队成员在攻关（资料照片）。

新华社发　刘迎军 摄

★ 马伟明在给团队成员及学生授课（资料照片）。

新华社发　刘迎军 摄

马伟明提出了中压直流技术路线，先后 3 次召集国家顶尖专家研讨，得到的几乎是一片否定声："英美等发达国家都没有选择这条路线。凭我国现有的条件，这条路肯定是走不通的。"

"要做就做最前沿的！为什么非要等外国人做成了，我们才开始跟着做？"面对质疑，马伟明经过深入分析，毅然决定继续坚持往前走。10 年攻关，10 年艰辛。不服输的马伟明，硬是将这一世界公认的核心重大技术难题成功解决，实现了我国舰船动力的跨越发展。

在研究舰船综合电力系统的同时，马伟明又瞄准了另一项国际科技领域的尖端技术 —— 电磁发射技术，但同样又引发了一轮质疑风波："一个世界级科技大国历时 20 多年都没有取得成功的项目，你还要强攻硬上？"

马伟明认定，中国需要这项技术，无论遇到多大困难，一定要坚持下去。

8 年之后，包括 40 位两院院士在内的 100 多位专家来参加科技成果鉴定会。面对马伟明的创新壮举，

★ 马伟明与毕业研究生在一起（资料照片）。

新华社发　刘迎军 摄

★ 马伟明

新华社发

白发苍苍的老专家激动不已，泣不成声……

近几年，马伟明带领团队在电磁发射技术领域取得全面突破，创新成果再次进入"井喷期"，多型装备和技术属国际首创，全面推进我国传统武器装备向电气化变革。

放眼万里海疆，马伟明带领科研团队留下一连串闪光足迹。他们的关键技术研究成果，全部应用或转化为装备，实实在在提高了创新对战斗力增长的贡献率；培养出 400 多名硕士、博士和博士后人才，先后获评国家自然科学基金委员会和军队颁发的科技创新群体奖、全军人才建设先进单位，被海军授予"创新强军马伟明模范团队"荣誉称号，获得国家科技进步奖创新团队奖、首届全国创新争先奖，两次荣立集体一等功。

（新华社北京 2017 年 7 月 28 日电，新华社记者王东明）

李中华

『八一勋章』获得者

性别	男	出生年月	一九六一年九月
民族	汉族	入伍日期	一九八三年七月

个人简介 中共党员，辽宁新宾人，空军特级飞行员，空军指挥学院训练部原副部长。

个人事迹 他先后驾驶和试飞歼击、轰炸、运输三个机种二十六种机型，成功处置多次空中重大险情。他勇闯世界航空界『死亡陷阱』，圆满完成歼教－7飞机失速尾旋试飞任务，拓展了国产战机性能，填补了我国航空领域该项空白。荣立一等功一次、二等功六次、三等功七次，被中央军委授予『英雄试飞员』『全军爱军精武标兵』荣誉称号，两次荣获国家科技进步奖特等奖，二〇一七年荣获『八一勋章』。

李中华

国之重器，以命铸之

安全飞行 3150 小时，驾驶和试飞过 26 种机型，创造国内试飞史上 10 多个极限课目第一，遭遇过的空中险情达数十次……从"英雄试飞员"到"八一勋章"获得者，从军 34 年，李中华选择与"死神"对阵，用自己的航迹生动诠释了对党、对祖国、对人民的无限忠诚。

在李中华的柜子里有两样他最珍视的东西：一个是习主席为他颁授的"八一勋章"，一个则是有所有歼－10 试飞员签名的飞机模型。

★ 2006 年 11 月 14 日拍摄的空军某试飞团副团长李中华。

新华社发　谭超 摄

试飞员的职责是什么？能够为飞机的研发，新飞机的定型，要扫清障碍，铺平道路，要能够排除问题，解决困难，另外就是给这些新装备投入部队之后，要提供一个安全的飞行范围和安全的保障。既然你选择了试飞，就要全力以赴，甚至包括面对风险和牺牲。

——"八一勋章"获得者　李中华

"开最新型的战机，做最惊险的动作，出最有分量的结论。"这是李中华选择成为试飞员那天就给自己定下的目标，这也是对他20多年试飞生涯最全面的总结。

1991年，李中华成为担负中国新型战机——歼-10飞机试飞任务的首批试飞员之一。"对国家投巨资研制的新型战机，我们就是掉脑袋，也要把它飞成雄鹰。"在歼-10试飞期间，正是凭着这样的责任感和使命感，李中华创造了歼-10飞机最大飞行表

★ 李中华

新华社发

速度、最大动升限、最大过载值、最大迎角、最大瞬时盘旋角度速度和最小飞行速度6项国内纪录。在歼-10飞机试飞中，李中华65%的时间内飞的都是风险课目。而在他3150小时的飞行中，他曾20次空中历险，其中5次经历重大险情。

2005年5月20日，李中华和战友试飞的课目是"飞行员诱发振荡"。试飞过程中，系统突然报警，霎时飞机向右侧剧烈偏转，由大侧滑进入"倒扣"状态。

当时，飞机高度500米，飞行时速270公里，"倒扣"状态下，飞机副翼锁死，无法控制，在空中急速摔向地面。

座舱内，李中华和战友身体倒挂着，地面的麦田、公路等景物迎面扑来。在急速下坠过程中，李中华迅速关闭右侧的计算机总电源开关，恢复了飞机应有的机械操纵，迅速将飞机翻转过来。

生死7秒，飞机恢复正常状态时，距地面仅200多米！这一天是李中华离死神最近的一次。

或许在很多人的眼里，试飞员的工作就是处理

★ 2006 年 11 月 3 日，空军某试飞团副团长李中华（左三）与同事畅谈飞行感受。

新华社发　谭超 摄

★ 2007 年 2 月 7 日，"试飞英雄"李中华在北京航天城向"航天英雄"杨利伟赠送亲笔签名的歼－10 战机模型。

新华社发　谭超 摄

空中险情。但李中华认为，试飞员首先是科研人员，在驾驶舱里的最高职责是体验航空器的真实性能，然后用最准确的操纵获得工程人员所需要的试飞数据。

那些年，李中华执着地探索着歼 – 10 飞机的性能，几次突破并提高了歼 – 10 飞机的性能指标。试飞员在空中哪怕很小的突破，对身处地面的设计师和工程师来说，都可能是一个巨大的飞跃。

曾经有航空领域的专家这样描述试飞员的"代差"："第一代试飞员是勇气型的，具有'蓝天拼刺刀'的勇敢；第二代试飞员是技术型的，试飞经验非常丰富；第三代试飞员是科研型的，他们不仅是新型战机的试飞者，也是设计研制的主要参与者。"

李中华，就是这样一名科研型试飞员的杰出代表。而现代战机的试飞任务，也呼唤全新的专家型试飞员。

1993 年深秋，俄罗斯国家试飞员学校迎来了李中华和他的两位战友，在短短一年的学习时间里，李中华和两位战友就掌握了所有试飞理论和两个机种、六个机型的驾驶技术，成为我国首批国际试飞员。

★ 2007 年 3 月 12 日，李中华与"雷锋班"战士合影。

新华社发　谭超 摄

在当时，李中华等人的学成归来，也极大地推动了歼–10飞机以及其他新型战机的试飞进程。他们不仅能试飞，而且能参与飞机的研制，他们采用了国际通用的库伯·哈伯方法评定试飞等级，引入PIO（飞行员诱发振荡）敏感等级，把试飞战机的飞行参数、战技指标、性能做成图表，绘制出试飞曲线……这一系列先进的试飞方法加速了我国新型战机装备部队的速度。

正是基于自己对试飞员职业的理解，2007年，李中华走上领导岗位后，亲自带出8名"科研型试飞员"，为高素质试飞员培养探索出了新路。

人民空军的装备发展史，也是人民空军发展壮大的生动写照。20多年的试飞路，李中华却只用两句话概括：一句，是镌刻在中国飞行试验研究院试飞丰碑上的"试飞铺就通天路"；还有一句，是中国试飞员忠诚践行的"国之重器，以命铸之"。

★ 2007 年 2 月 7 日，李中华在报告中向听众敬礼。

新华社发　谭超 摄

在今年中国航展上，无侦-7与歼-16D、歼-10C和歼-20一起亮相，体现了空军在三代装备为主体、四代装备为骨干、信息体系为支撑的装备体系建设及转型发展中所取得的成就。"海阔凭鱼跃，天高任鸟飞。"如今，人民空军正按照"探索一代、研制一代、生产一代、装备一代"的模式，加快发展适应未来一体化联合作战需要的信息化武器装备。

2021年11月11日，人民空军成立72周年。作为一名人民空军老兵，李中华内心也无比激动："'搏击长空心向党，飞行万里不迷航。'这是一代代空军官兵始终践行、永远不变的忠诚品格。我愿永远用忠诚和生命守卫祖国空天安宁、守护人民幸福生活。"

（新华社北京2021年11月11日电，新华社记者刘济美、高玉娇、郭中正，原标题：《国之重器，以命铸之——记"八一勋章"获得者、"英雄试飞员"李中华》）

王忠心

	性别	男	出生年月	一九六八年十月
	民族	汉族	入伍日期	一九八六年十二月

个人简介 安徽休宁人，火箭军某旅技术营测试连班长、一级军士长。

个人事迹 他从军三十多年，担任班长二十九年，熟练操作三种型号导弹武器、精通十九个导弹测控岗位、执行重大任务三十余次、参加实装操作训练一千五百多次、排除故障二百多起。第十二届全国人大代表，荣立二等功一次、三等功两次，四次荣获全军士官优秀人才奖，被表彰为全军爱军精武标兵、全军优秀共产党员、全国道德模范，二〇一五年被授予『践行强军目标模范士官』荣誉称号，二〇一七年荣获『八一勋章』。

王忠心

我永远是党和人民的一个兵

"我儿是给国家啦……"本以为儿子退休后就可以经常陪自己，但是汪桂有还是三天两头地找不到王忠心。

2020年5月15日告别部队以来，无论是回老部队授课，还是参加公益和志愿活动，"导弹兵王"王忠心始终没有停下为人民服务的脚步。

★ 2020 年 5 月 13 日，王忠心最后一次在战斗号位上操作。

新华社发　刘明松 摄

★ 2020 年 5 月 13 日，王忠心（左）在退休仪式前向四级军士长赵洋交接武器装备清单。

新华社发 刘明松 摄

我永远是党和人民的一个兵。我依然会铆在新的阵地上继续奋斗，不辜负党、不辜负人民。

——"八一勋章"获得者 王忠心

王忠心退休前所在导弹旅是火箭军组建最早的一支"撒手锏"部队，先后圆满完成数十项重大演训、实弹发射等任务。"咱们手中是国之重器，务必做到绝对忠诚。"已经延迟3年退休的王忠心，离开部队前不忘鼓励年轻战友继续扎根军营、建功岗位。

从军34年，一级军士长王忠心是堪称传奇的"导弹兵王"，他熟练操作3种型号导弹武器，精通测控专业全部19个号位，实装操作上万次，无一差错；他是最荣耀的基层士兵，2017年7月28日，习主席亲手为他佩挂"八一勋章"；他更是战士们奋进的榜样和引路的老班长，先后帮带出数百名优秀导弹号手，人人均可独当一面。

★ 2020 年 5 月 15 日，战友们为光荣退休的王忠心（右三）送上美好祝福。

新华社发 刘明松 摄

"在王忠心的带动下，更多士官专家和班长标杆涌现出来。"王忠心退休前所在旅政委邓志良说，"作为高技术战略军种，这支高素质的士官队伍，是能打胜仗的坚强保证。"

功勋荣誉是军人崇尚的价值追求。王忠心珍视每一个沉甸甸的奖章，在他看来，所有荣誉体现的是党对官兵的关爱，而自己永远是那个听党指挥的普通一兵。他说："本领是组织培养的，荣誉是组织给的，个人有什么理由不把自己的一切奉献出来呢？"

退休回到老家，很多企业高薪聘请王忠心担任"代言人"，还有一些社会组织要给王忠心"配房配车"，只要他肯担任"顾问"，王忠心全部回绝。

怀着对党和人民无限的忠诚和热爱，王忠心找到了新的"战位"——发扬军队的光荣传统和优良作风，以"号手就位"的姿态为国防教育和退役军人群体做实事。

2021年3月26日，休宁县退役军人事务局成立"兵王工作室"，王忠心在这里与退役老兵志愿者一起宣传退役军人保障法、帮助困难老兵等，扛起了一个

★ 2020年5月15日，班里战友帮老班长王忠心（右二）收拾
行囊，听他讲述奖章背后的故事。

新华社发 刘明松 摄

老兵、一名老党员沉甸甸的社会责任。

"王忠心是我们县里征兵工作的'金字招牌'，很多年轻人都是抱着成为下一个'兵王'的劲头报名参军的。"休宁县人武部副部长翟小辉说。

从大山里走出来的王忠心，已资助数名贫困学生。从小学三年级就开始接受王忠心资助的彭曦瑶，今年即将读高一。得知王忠心已经退休离开部队，腼腆的小姑娘回到卧室偷偷抹眼泪，"舍不得他走，王大爹以前经常来家里，还嘱咐我好好学习，长大学本领。"

偶尔闲下来的时候，王忠心喜欢上山给母亲挖一些笋子吃，回来路上碰到乡邻们，就把挖来的笋子分些去。

"在军营感到的是练兵的火热，回到家乡才切身感受到什么叫国泰民安。"一家人的饭桌上，王忠心自豪地说，"让老百姓和平美满地生活，就是中国军人的使命。"

2021 年 7 月 1 日，中国共产党成立 100 周年庆典。登上天安门城楼的王忠心看到，数万人挥动着

★ 2020 年 5 月 14 日，王忠心（中）与妻子和即将从军校毕业的女儿王扬一起交流。

新华社发　刘明松 摄

手中鲜艳的党旗、国旗，汇聚成了红色海洋。

那一刻，"兵"心澎湃，他要向组织报告："我永远是党和人民的一个兵。我依然会铆在新的阵地上继续奋斗，不辜负党、不辜负人民。"

（新华社北京 2021 年 8 月 1 日电，新华社记者刘济美、高玉娇，原标题:《"导弹兵王"王忠心：我永远是党和人民的一个兵》）

景海鹏

『八一勋章』获得者

性别	男
出生年月	一九六六年十月
民族	汉族
入伍日期	一九八五年六月

个人简介 中共党员，山西运城人，三二六七七部队副部队长。

个人事迹 他先后圆满执行神舟七号载人飞行任务、神舟九号载人交会对接任务、天宫一号与神舟九号载人飞行任务、天宫二号与神舟十一号载人飞行任务，成为我这国执行载人飞行任务次数最多的航天员，成就了三巡苍穹的中国奇迹。被中共中央、国务院、中央军委授予『英雄航天员』荣誉称号并颁发『航天功勋奖章』，被中共中央、国务院授予『改革先锋』称号，荣立二等功一次、三等功一次，二〇一七年荣获『八一勋章』。

景海鹏

矢志报国、逐梦太空的英雄航天员

  1998 年 1 月进入北京航天城时，景海鹏已经 31 岁了，不仅要在 5 年内学完物理学、天文学、载人航天技术等 30 多门学科课程，还要进行 8 大类上百个课目的专业技能训练。

  这期间，他把每天中午的休息时间也用于看书学习，晚上 12 点前几乎没有休息过。他更舍弃了许多爱好，几乎没有参加过任何聚会，没有陪父母过一

★ 2008 年 9 月 28 日，神舟七号返回地球，航天员翟志刚、刘伯明、景海鹏（从左至右）自主出舱后向现场搜救人员挥手致意。

新华社记者　王建民 摄

个春节，也没陪妻子逛过街。正是这艰辛的磨砺和严格的锤炼，让他一步步完成了从飞行员向航天员的蜕变。

2008年9月，景海鹏在与战友执行神舟七号载人飞行任务时连续出现2个意外情况。一个是，乘组在按预定计划开启舱门时，却丝毫没有反应。而此时，飞船即将飞出测控区，必须尽快打开舱门，在下一个测控区完成出舱活动。景海鹏他们用辅助工具撬了2次，刚打开一点缝隙，强大的压强又把舱门紧紧吸上了。这时，他们拼尽全力，用力一拉，终于打开了连接浩瀚太空的舱门！

航天员还没来得及喘口气，第二个意外情况又出现了：舱里突然传来报警提示，语音不断重复："轨道舱火灾！轨道舱火灾！"如果真的发生火灾，乘组就回不去了！景海鹏沉着冷静作出判断——应该是飞船的误报警。乘组果断调整步骤，冒着风险完成了太空行走，让鲜红的五星红旗飘扬在浩瀚太空。

已两度飞天的景海鹏并未停止高标准学习训练的

★ 2012 年 6 月 16 日，神舟九号航天员出征仪式在酒泉卫星发射中心航天员公寓问天阁举行，航天员景海鹏、刘旺、刘洋（从右至左）向欢送人群挥手致意。

新华社记者　李刚 摄

步伐。2012 年神舟九号任务结束后，4 年的时光在景海鹏从未间断的勤学苦练中匆匆而过，等到 2016 年神舟十一号任务进入人们的视野时，即将 50 岁的他赫然在列。过硬的素质、丰富的经验、完美的成绩，让景海鹏在大家敬佩而服气的目光中，顺利入选飞行乘组。

在此次任务中，每天的计划都是满满当当的。太空养蚕、跑台试验、种植生菜……乘组几乎每天都要工作到晚上 11 点，有时甚至要到凌晨一两点。由于工作量大，吃饭时间总是一推再推。地面上的领导和专家看到后，提议压缩工作量以保证航天员的营养和休息，但景海鹏和陈冬却说："上一次太空不容易，试验任务再多我们也要把它完成好，我们不是上来睡觉的！"

就这样，他们加班加点，做完了所有实验。这次任务一共进行了 38 项科学试（实）验，他们严格按要求及注意事项一步一动，力争做到最好，如果数据不理想，都会重做一遍。每当地面上的工作人员看到他们疲惫而兴奋地展示实验过程、

★ 2012 年 6 月 18 日，北京航天飞控中心大屏幕显示航天员
景海鹏、刘洋、刘旺（从右至左）在天宫一号实验舱内。

新华社记者　查春明 摄

★ 2016 年 10 月 17 日，神舟十一号航天员出征仪式在酒泉卫星发射中心举行。图为航天员景海鹏（左）、陈冬在出征前挥手。

新华社记者　李刚 摄

作为航天员来说，在天上我们要做到零失误、零差错。我坚信，我们所有的航天员，都是按照这个理念，在理解 99.99 分和 100 分之间的差别，我们叫天壤之别，在完成、在实现咱们国家的航天，一步又一步成功，一次又一次跨越。咱们国家要建成、运营自己的空间站，我想那个时候，中国空间站，那将是咱们中国人在太空最美丽的家园。让浩瀚太空再一次见证一名中国军人、一名航天战士的无限忠诚。

—— "八一勋章"获得者 景海鹏

汇报实验结果，心疼的同时，更是由衷地为他们感到骄傲。

星空浩瀚无垠，探索永无止境。2020 年前后，我国的空间站即将建成运营，那将是中国人在太空的美丽家园。景海鹏和战友们现在已投入到了紧张的空间站试验阶段的训练当中。景海鹏坚定地表

★ 2016年10月19日，神舟十一号航天员景海鹏（左）和陈冬顺利进入天宫二号实验舱，向全国人民问好并敬礼（摄于北京航天飞行控制中心大屏幕）。

新华社记者 琚振华 摄

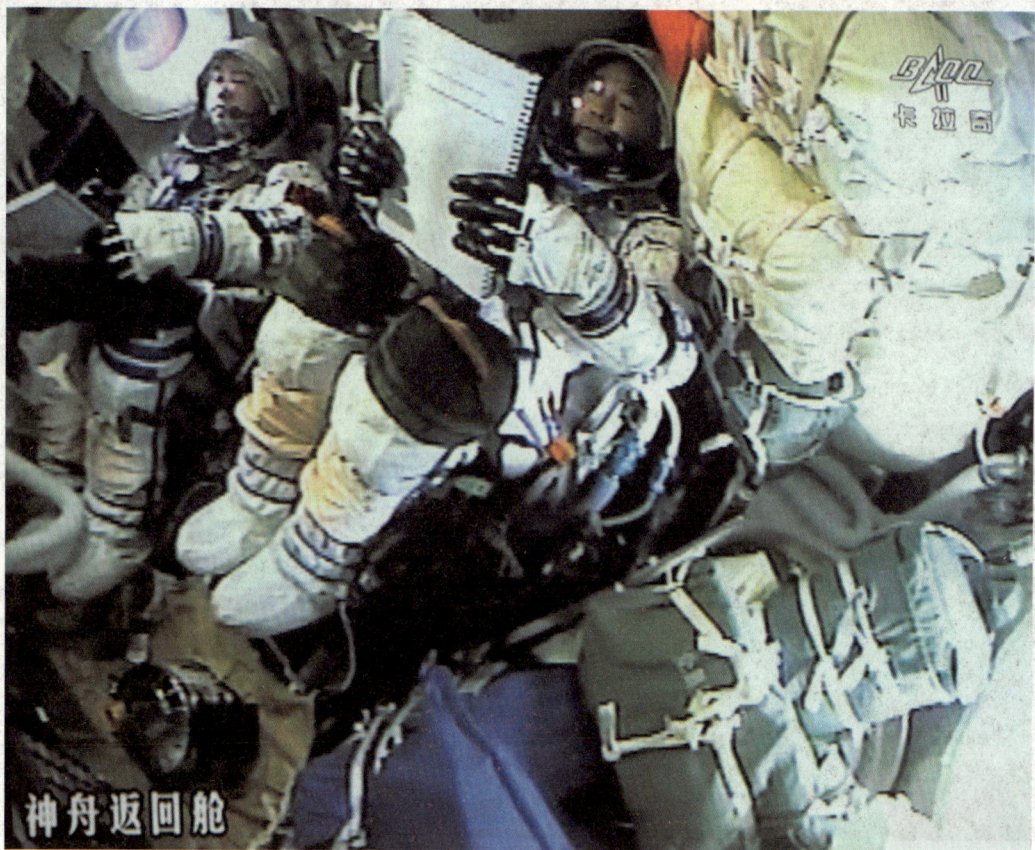

★ 图为 2016 年 11 月 18 日在北京航天飞行控制中心大屏幕拍摄的神舟十一号飞船返回舱内的画面。

新华社记者　才扬 摄

★ 2017 年 10 月 18 日，中国共产党第十九次全国代表大会在
北京人民大会堂开幕。图为开幕会前，景海鹏接受采访。

新华社记者　殷刚 摄

示：时刻准备再上一次太空、再当一回先锋、再打一场胜仗，努力为建设航天强国和世界科技强国奋斗终生！

（新华社北京 2017 年 7 月 28 日电，新华社记者王东明）

程开甲

性别	男	出生年月	一九一八年八月
民族	汉族	入伍日期	一九六二年十一月

个人简介 中共党员、九三学社社员，一九一八年八月出生，二〇一八年十一月去世，江苏苏州人，原国防科工委科技委常任委员，中国科学院院士。

个人事迹 他隐姓埋名四十年，一生为国铸核盾，先后参与和主持首次原子弹、氢弹试验，以及『两弹』结合飞行试验等多次核试验，为建立中国特色核试验科学技术体系作出了杰出贡献。他是『两弹一星』元勋，为锻造改革开放安全屏障、推进科技强国事业作出了重大贡献，是以身许党许国的时代楷模。荣获『八一勋章』『两弹一星』功勋奖章和国家最高科学技术奖。二〇一八年十二月，被追授『改革先锋』称号。二〇一九年九月，被追授『人民科学家』国家荣誉称号。

程开甲

忠诚奉献、科技报国的"两弹一星"元勋

1964年10月16日下午，程开甲静静地坐在试验场主控站里，表情从容。

苍茫的地平线上，托举原子弹的百米铁塔巍然耸立；铁塔下，一张大大的红纸上写着一个醒目的"响"字。

15时，突然，一道刺目的强光划破世界东方的天宇；随之，一声山呼海啸般的巨响从罗布泊深处传

★ 1966 年，程开甲（左一）在氢弹试验现场。

新华社发　总装备部供图

1964 年 10 月 16 日，第一颗原子弹爆炸成功，中国从此在国际上拥有话语权。

——"八一勋章"获得者 程开甲

来，又向神州大地四面八方传去。

当一朵蘑菇似的巨大烟云渐渐升高，很快从各测点不断传来数据，一切正如程开甲所预想的那样，原子弹准时爆炸，试验成功了。

此时的程开甲长长地舒了一口气，一直悬着的心，终于放了下来……

早在 20 世纪 30 年代，中学时代的程开甲，就被科学家们追求真理、热爱祖国的精神强烈感染着，萌生了长大后科技报国的理想。为了这个理想，他常常废寝忘食地学习，高中毕业后，顺利考入浙江大学。

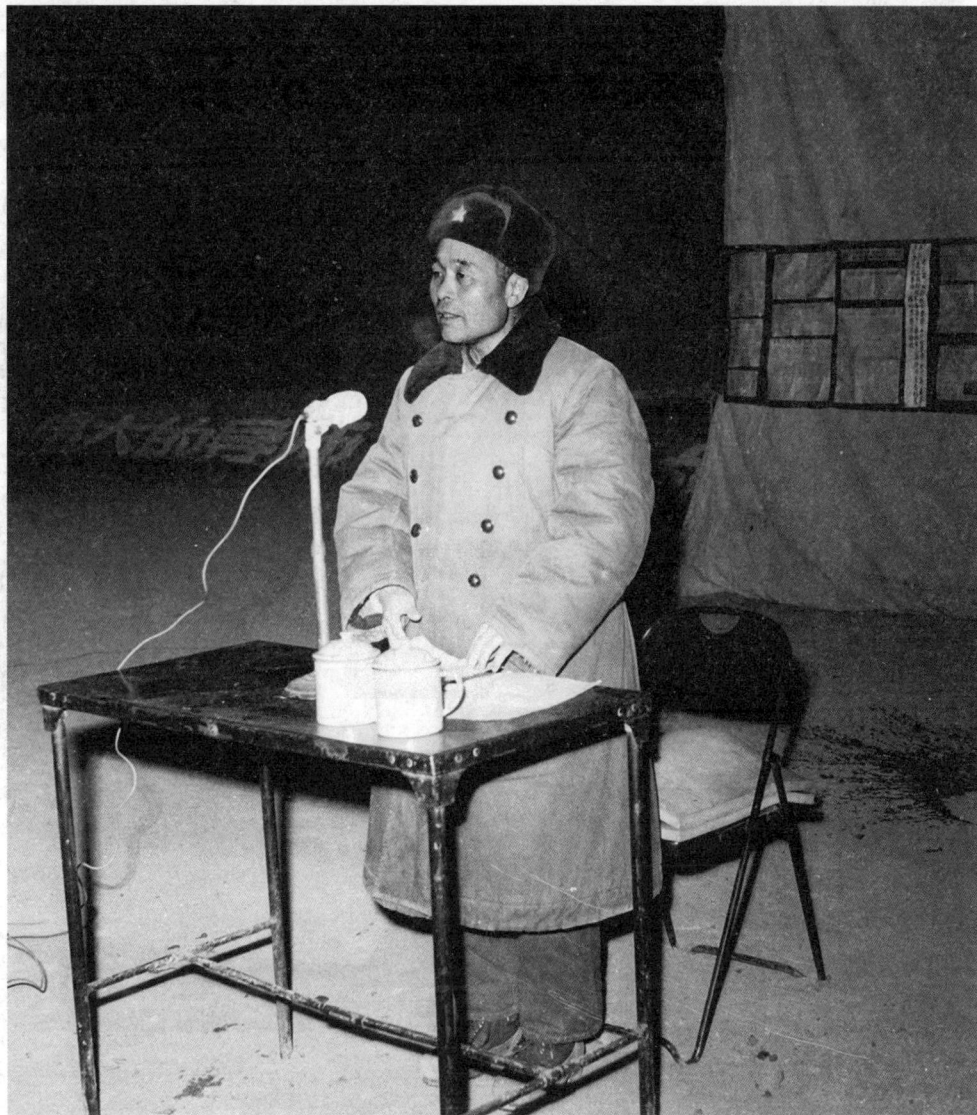

★ 20世纪70年代，程开甲在做任务前动员（资料照片）。

新华社发　总装备部供图

★ 程开甲在打字机上撰写论文（资料照片）。

新华社发 总装备部供图

1941 年，程开甲大学毕业后留校任助教。5 年后，在李约瑟博士的推荐下，他怀着一腔报国热血，开始远赴英国留学。

1949 年 4 月的一天，在爱丁堡市报童的呼喊声中，程开甲听到一条惊人的消息：英国"紫石英"号军舰公然进犯中国长江，被解放军还击的炮火打伤了！满街叫卖的报纸，都是中国人民站起来的消息。

程开甲眼中燃起了明亮的火花："我们的国家有希望了！"他毅然放弃英国皇家化学工业研究所研究员的职务和高薪待遇，迎着刚刚升起的五星红旗，回到了祖国。

重归故土，程开甲感到格外亲切和兴奋。他先后任教于浙江大学、南京大学。在南京大学物理系，程开甲协助施士元教授，全身心地投入金属物理教研室的筹建和金属物理专业的建设，出版了国内第一本固体物理教材《固体物理学》，对我国固体物理的教学与科研起到了重要作用。

1956 年，程开甲成为一名光荣的中国共产党党员。

★ 程开甲（右）与朱光亚（左）交谈。

新华社发　总装备部供图

面对严峻的国际形势，为了尽快增强国防实力，保卫和平，中共中央决定，我国独立自主、自力更生地突破原子能技术。20世纪60年代初，程开甲被调到当时的二机部核武器研究所。

在钱三强的具体指导下，程开甲起草了首次核试验测试总体方案，并在中央各部委和国防科委的支持帮助下，组建起相关学科、专业配套的核试验技术研究所。

面对核武器事业这一战略工程，程开甲十分注重培养人、带队伍。他要求科研和参试人员不要只做锦上添花的事，要丢掉"洋拐杖"，打破权威束缚，独立研究、创新攻关。经过一系列创新性的研究和试验，试验队伍中先后成长出10位院士，许多科研项目填补了国内空白。

作为核试验技术总体负责人，程开甲心中只有试验任务，常常不顾生命危险。一次，程开甲乘飞机视察某试验场，起飞20分钟后，飞机一台发动机因故障停止工作，飞行员只好用一台发动机冒险迫降。对此，程开甲毫不在意，第二天，他又乘另一架飞机

★ 2014 年 1 月 10 日，中共中央、国务院在北京隆重
举行国家科学技术奖励大会。图为获得 2013 年度国家
最高科学技术奖的中国科学院院士程开甲在台上领奖。

新华社记者　兰红光 摄

向"死亡之海"——罗布泊飞去。

"我这辈子最大的心愿就是国家强起来，国防强起来。"正是怀着这赤子之心，程开甲两易专业方向，奉献大漠 20 多年，苦干惊天动地事，甘做隐姓埋名人。

罗布泊爆发的声声"惊雷"，铸牢了国防盾牌，挺直了民族脊梁。罗布泊试验的每一次成功，都饱含了程开甲不懈的奋斗和奉献。

（新华社北京 2017 年 7 月 28 日电，新华社记者王东明）

韦昌进

『八一勋章』获得者

性别	男	出生年月	一九六五年十一月
民族	汉族	入伍日期	一九八三年十月

个人简介　中共党员，江苏溧水人，山东省枣庄军分区政治委员。

个人事迹　一九八五年，他在执行重大军事行动任务中，被弹片击中左眼、穿透右胸，全身二十二处负伤，仍然强忍剧痛坚持战斗。荣立一等功，被中央军委授予『战斗英雄』荣誉称号。一九八七年出席全军英雄模范代表会议。几十年来，他始终保持革命军人的本色，在不同的岗位建功立业。荣获『改革先锋』『全国自强模范』称号，二〇一七年荣获『八一勋章』。

韦昌进

视死如归、血战到底的战斗英雄

    2021 年，"八一勋章"获得者、上海警备区副政委韦昌进受当地卫视邀请，通过荧屏为全市青少年上了一堂生动的国防教育课。那段日子，韦昌进常伏案疾书至深夜，眼眶被义眼磨得泪流不止，未能取出弹片的部位也常常作痛。

    调研提案、扶贫帮困、国防教育……工作之余，韦昌进的日程总排得满满当当。

★ 韦昌进

新华社发

2017 年 7 月，韦昌进被中央军委授予"八一勋章"。"习主席亲自给我佩挂勋章、颁发证书的那一刻，我下定决心，甘愿为党和人民奉献到底。"韦昌进说。

时至今日，虽已近花甲之年，这位"王成"式的战斗英雄仍在强国兴军之路上冲锋不止。

身残志坚，军人锐气不可泄

在那场惨烈的边境作战中，韦昌进被弹片击中左眼、穿透右胸，全身负伤 22 处，昏迷了整整七天七夜。

"我不能在病床上躺一辈子。"韦昌进说。7 天后，一身战伤的韦昌进在战友搀扶下爬山锻炼。那时的他伤口未愈，身体一动，鲜血就会渗出。疗伤期间，他几次给部队写信请求归队。

不久，韦昌进被组织保送到军校上学。从此，这位伤痕累累的战斗英雄开始了浴火重生般的磨砺：左眼失明，他就睁着右眼、顶着阳光一遍遍摸索消除

★ 2021年8月5日，韦昌进（前排右）带领机关业务部门人员开展政治工作重大现实课题研讨。

新华社发　林凯 摄

当我们遇到抗洪抢险救灾任务，作为人民子弟兵，就义不容辞要顶上去，那么在战争时期，特别是当我们国家遇到外敌入侵的时候，我们就要用血肉之躯，筑起一道钢铁长城。

——"八一勋章"获得者 韦昌进

步枪准星虚光的技巧；右腿负伤，他就在伤腿上绑着沙袋练习两腿动作协调；听力受损，为赶上学习进度，他就每天坚持苦学至深夜。

3年后，韦昌进以全优成绩毕业。

后来，他要求去任务重的标兵六连工作。任指导员3年间，六连所有训练课目全优，大项任务完成出色。那段时间，身高近1.7米的韦昌进，体重不足百斤。

"我绝不做一个对党无用的人，困难再大，也要克服。"韦昌进说。

经历生死，军人正气不可丢

在原则性问题面前，韦昌进从不退让。

韦昌进任指导员时，一位战士想考军校，其父亲提着海鲜来部队"拉关系"。其实，这名战士文化基础好、训练成绩优，连队早就将其列为考生苗子重点培养。韦昌进费了很大劲儿，将这位战士的父亲劝回了家。

韦昌进记得，当年在猫耳洞里被敌军包围时，全班仅剩半杯水解渴。当时，多名战友嘴唇干裂，可半杯水在大家手里传了一圈又一圈，始终没下去多少。"如果有了私心贪欲，我们就愧对战场上牺牲的战友。"韦昌进说。

韦昌进提议连队多措并举，给考生提供良好的学习环境。3 年时间里，连队先后有 11 位战士提干、考学。

1986 年，组织拨出经费给左眼受伤的韦昌进安装义眼。"与牺牲的战友比，我能活着已经很幸福了，

★ 2019 年 3 月 13 日，全国政协十三届二次会议在北京人民大会堂举行闭幕会。图为全国政协委员戴秀英（右）、韦昌进（左）在"委员通道"接受采访。

新华社记者　陈晔华 摄

就不要再奢侈浪费了。"韦昌进选择了最便宜的一款义眼。

后来，经销商多次找到韦昌进，以丰厚的差价回扣为饵，劝他每隔几年就换一次义眼。"公家的便宜，一分都不占。"韦昌进说。那只义眼一戴就是整整 31年。直到 2017 年，义眼严重磨损，常将眼眶磨得生疼，韦昌进才在家人劝说下换了一只。

强军兴军，军人朝气不可减

任枣庄军分区政委不久，韦昌进得知单位常年缺训练场地。

"不要等战争来临的时候慌忙备战。"韦昌进说，当年战场上那些参加支前保障的民兵，大都"精通十八般武艺"，在配合主力部队作战时发挥了不可替代的作用。马不停蹄调研后，韦昌进决定筹建一个制式训练基地。

审批地、筹经费、谋规划……2020 年底，枣庄终于建起一座多功能综合训练基地，可实施实投实爆实弹作业、进行民兵水陆综合性训练。

枣庄是革命的热土，铁道游击队在这里诞生。2019 年，枣庄市投资重建铁道游击队纪念馆。一年时间里，韦昌进四处协调，为新纪念馆培养了一批民兵讲解员。如今，铁道游击队纪念馆已成为鲁南红色旅游品牌。每逢假期，来此接受红色教育的群众络绎不绝。

"英雄气长存天地间，崇尚英雄，国家和民族方能繁荣昌盛。"韦昌进说。

（新华社上海2021 年 8 月 14 日电，新华社记者贾启龙，原标题：《韦昌进：英雄气长存天地间》）

『八一勋章』获得者

王刚

性别	男	出生年月	一九七二年十一月
民族	汉族	入伍日期	一九九一年十二月
个人简介	中共党员，新疆阿克苏人，武警新疆总队某支队支队长。		
个人事迹	入伍三十多年来，他始终牢记使命职责，忠诚于党、忠于人民，精武强能、一心务战，勇于担当、敬业奉献，带领部队打赢反恐维稳战斗十余次，参加抢险救灾和重大临时性任务三十多次。荣立一等功两次、二等功一次、三等功十二次，被武警部队评为『中国武警十大忠诚卫士』『维稳工作先进个人』，二〇一七年荣获『八一勋章』。		

王　刚

赴汤蹈火、冲锋陷阵的
忠诚卫士

　　2017 年，中国人民解放军建军 90 周年前夕，中共中央总书记、国家主席、中央军委主席习近平为武警新疆总队某支队支队长王刚佩挂上"八一勋章"。

　　这是由中央军委决定、中央军委主席签发证书并颁授的军队最高荣誉。

★ 2021 年 1 月 26 日，王刚在演练中示范训练要点和动作要领。

新华社发 肖昆南铁 摄

★ 2021 年 1 月 26 日，王刚（前）率队在武装越野中行进。

新华社发 孙建新 摄

珍藏的勋章

王刚，一个令暴恐分子闻风丧胆的名字。

入伍 30 年，他始终奋战在反恐战斗第一线。任中队长时，他圆满完成捕歼战斗；任大队长时，他多次带领官兵完成抓捕战斗；任副支队长时，他指挥官兵成功处置多起暴恐事件；任支队长时，他指挥官兵打赢了高原山地围剿战斗。

发生在 2015 年秋的那场围剿，称得上是王刚经历的最危险、最艰苦、最复杂的战斗 —— 一伙暴恐分子趁夜色袭击一座煤矿，残忍杀害多名群众，抢夺枪支后逃窜进入茫茫雪山之中。

在那片方圆数千平方公里的山区，王刚率领部队昼夜不停地寻找暴恐分子的蛛丝马迹。爬峭壁、蹚冰河、顶狂风、冒飞雪……面对无比艰苦的环

★ 王刚（右一）和战友一起进行军事训练（资料照片）。

新华社发

我是长期处在新疆南疆，可以说是反恐战斗的一线，这么多年，我经历了大大小小很多的反恐战斗，可以说数次和暴恐分子面对面，面对生与死，血与火的考验。从小的方面说，保护我的故乡，因为我就生在南疆，长在南疆，大的方面说就是，为了维护国家的安全和稳定，保卫人民的安居乐业。

——"八一勋章"获得者 王刚

境，王刚立下军令状："不消灭这伙暴恐分子，决不收兵！"

40多天后，暴恐分子残部踪迹终被发现。他们藏匿在一个半山腰三角斜面的山洞里，居高临下，易守难攻。

"跟我上！"危急关头，王刚带领6名特战队员匍匐向洞口慢慢靠近。他紧盯前方，抓准战机，果断左滚进，把催泪弹和爆震弹投入洞中，暴恐分子最终

★ 王刚

新华社发

被全部歼灭。

经历 15 次生死战斗，王刚荣立一等功 2 次、二等功 1 次、三等功 12 次，荣膺第十九届"中国武警十大忠诚卫士"。2017 年，王刚获"八一勋章"。

"授勋仪式上，习主席亲手为我们一一佩挂勋章，那一刻，我热血沸腾。"王刚说，这些年，他把这枚勋章珍藏在身边，也在心里珍藏着 8 个字："赴汤蹈火、冲锋陷阵"。这也是习主席签署的授予王刚"八一勋章"命令中的"关键词"。

走出灯箱的榜样

王刚所在单位营区，树立着展示"八一勋章"获得者风采事迹的灯箱。

"有时碰到支队长经过灯箱，我们开玩笑说，他从里面走出来了。"支队战士钱国鑫说，其实，卸下光环的王刚更是他们的榜样。

1991 年，18 岁的王刚怀着"军人生来为打仗"的信念参军入伍，新兵下连却被分到了炊事班。他不服气，抓住一切机会苦练军事技能。

"每天早晨，我把馒头蒸上笼，等待蒸熟的 20 分钟内，跑个 5 公里，刚好。"王刚说。

一年后，王刚从炊事班转入战斗班，参加支队军事比武，摘得"全能训练标兵"。

从普通战士成为特战队员，从特勤中队中队长、大队长成为机动支队支队长，王刚始终以高标准要求自己。

任支队长后，针对支队多年争创武警部队军事训练一级达标单位无果的实际，他以身作则向支队官兵喊话："如果我有哪项课目不合格，全支队官兵都可以不合格。"

彼时，王刚已年过四旬，手腕还有旧伤，不少人以为他只是说说。但很快，训练场上就出现他的身影，动作标准、风雨无阻。在王刚的带动下，支队当年就被武警部队评为军事训练一级达标单位。

如今，王刚又对自己有了新要求："随着年龄增长和身份转变，我更需要在研究暴恐活动新规律、新特点，备战打仗新思路、新方法上下功夫。"

★ 王刚（右三）在群众家中帮忙（资料照片）。

新华社发

2021 年初，作为全国人大代表，王刚赴京参会前认真梳理过去一年的工作，并在此基础上，反复思考如何推动虚拟现实、大数据、区块链等前沿科技在训练领域广泛应用，如何借助智慧靶场、兵棋推演、人机对抗等训练系统推动特战训练转型升级……

两张未曾使用的机票

王刚的皮箱里有两张未曾使用的机票，目的地都是乌鲁木齐 —— 两次计划回家，都因工作取消。王刚说，对家人，他有太多次"毁约"。

"一年除夕，我领着儿子到部队给他包饺子，刚走到部队门口，看见一辆指挥车开出来。儿子一眼认出车里的爸爸，挥手跟他打招呼，他摇下车窗说'我有任务，你们回吧'。"王刚的妻子说。

入伍 30 年，王刚休假时间加起来不足 100 天。

"嫁给他，我就做好了奉献的准备。"妻子给予王刚莫大的支持，"他生在新疆，长在新疆，他的工作说小了是保护家乡，说大了是维护国家安全稳定。"

★ 王刚在军事训练中（资料照片）。

新华社发

★ 王刚（左四）和战友一起下象棋（资料照片）。

新华社发

王刚家中，家具很少，衣柜里的衣服按季节分类打包，以便拎包即走。这是妻儿多年随王刚岗位调动搬家养成的习惯。

虽然不常见面，但儿子跟王刚的关系很好。有天，儿子神秘地对王刚说："老爸，今天老师给我们讲到你的事迹，你猜怎么着？有个同学指着你照片，说那是他爸爸。我偷偷笑了，没吭声。"

"你怎么不反驳？"王刚问。

"不是你让我低调点嘛。"小伙子得意地说，"而且我懂，你的工作，要保密。"

（新华社乌鲁木齐 2021 年 8 月 2 日电，新华社记者刘艺、王国银，原标题：《"八一勋章"获得者王刚：赴汤蹈火、冲锋陷阵的忠诚卫士》）

冷鹏飞

性别	男	出生年月	一九三三年一月
民族	汉族	入伍日期	一九五六年二月

个人简介 中共党员，湖北浠水人，中国人民解放军原八一〇三二部队副军职调研员。

个人事迹 一九六九年三月的边境作战中，他组织炮火英勇还击，冷静指挥，左臂被打断后，用树枝夹绑住胳膊继续战斗，以顽强的毅力指挥守岛部队与敌军激战九个小时，顶住了六次炮袭、三次进攻，与边防巡逻队密切协同，驱逐了入侵敌军，以小的代价赢得了大的胜利。被中央军委授予『战斗英雄』荣誉称号。战场归来后，他始终保持普通党员和革命军人的本色作风，赢得了官兵普遍赞誉。二〇一七年荣获『八一勋章』。

冷鹏飞

冲锋在前、英勇果敢的战斗英雄

1933 年，冷鹏飞出生在湖北省浠水县一个贫苦的农民家庭。还是孩童的冷鹏飞就知道，只有共产党才能让天下穷人得解放。

1956 年，冷鹏飞实现了当兵的愿望。两年时间里，冷鹏飞成长为部队的防化技术能手。

1959 年，冷鹏飞通过刻苦自学考入当时的解放军防化兵学校。军校毕业，被分配到原部队任侦察

> 针锋相对，寸土必争。保卫祖国是我们军队的任务，我们军队的职责就是要保卫祖国，保卫祖国的领土，这样我们就和他们针锋相对地斗争。（胜利）来之不易，是用鲜血和生命使我们的战斗赢得胜利，祖国领土永远没有丢，永远是属于我们的。
>
> ——"八一勋章"获得者 冷鹏飞

排长。两年后，他走上了连长的工作岗位。在师里组织的评比中，他所带的连队以全优成绩夺得标兵连，他个人也被评为标兵连长，并破格提拔为营长。

回顾这段经历，冷鹏飞曾在日记中写道："以后无论职务如何改变，但心想连队不变，深蹲连队不变，工作落实到连队不变！"

1969年3月2日，敌军悍然入侵我领土，我军被迫进行自卫还击。时任营长的冷鹏飞所带部队就在前沿阵地，他积极组织准确有效的炮火反击。在上级统一指挥下，与兄弟部队一起击退了来犯之敌，取得了首战胜利。

3月15日清晨，敌军又一次侵入我边境。冷鹏飞闻令带一个加强排迅速登岛，指挥岛上我军部队共同歼敌。为便于侦察和指挥，冷鹏飞把指挥位置前移到了敌炮火打击范围内，首创用火箭筒超近距离打击敌装甲目标的战例。

战斗进行到关键时刻，冷鹏飞指示配属炮连代理排长杨林带领2门无后坐力炮"往前靠、放近打"，同时命令二排长张印华组成火力掩护小组配合攻击。

11时52分，又一轮冲上来的敌装甲车用机枪疯狂射击，冷鹏飞左小臂中弹折断，仅靠一点皮肉与上臂连接。他侧卧在雪地上继续指挥战斗，最后在上级多次催促下，才将岛上的指挥任务交给了友邻部队同志。被送去后方救治时，冷鹏飞由于失血过多，已处于昏迷状态。

在这次自卫反击战斗中，冷鹏飞指挥守岛部队与敌军激战9个小时，顶住了6次炮袭、3次进攻。1969年7月30日，中央军委发布命令，授予他"战

★ 冷鹏飞

新华社发

★ 冷鹏飞
新华社发

斗英雄"荣誉称号。

　　回到部队后，冷鹏飞先后担任团长、师副参谋长、师长、副军长。跟他接触过的人都有这样的感受，他的眼里总有炮火硝烟中对敌人的警觉，他的心中总有冲杀突击时爆发的血性与豪气。

116

一次，冷鹏飞带着指导组跟随一个团进行战术课目观摩，为检验这个课目步兵的训练强度和战术动作难度，他要求所有指导组成员不乘汽车，并率先背上和战士们一样的负重，徒步跟随部队强行军15公里。由他钻研创新的"抗击敌坦克进攻系列战法"，对部队训练具有重要指导作用。

战时是英雄，和平时期照样是模范。每次下部队，冷鹏飞都坚持"三不准"原则：不准迎送、不准招待、不准陪吃。他说："领导干部自己搞特殊化，在战士们面前，还有什么资格指挥部队呢！"

1993年，冷鹏飞退休。20多年间，他先后担任几十所中小学校的课外辅导员，义务为孩子们进行爱国主义教育50余场；自制40余块教育宣传展板，30多次巡回各部队为3000余名官兵作报告、搞座谈。

（新华社北京2017年7月28日电，新华社记者王东明）

印春荣

「八一勋章」获得者

性别	男	出生年月	一九六四年七月
民族	汉族	入伍日期	一九八二年十月

个人简介 中共党员，云南昌宁人。

个人事迹 他是一路从云南边境缉毒战场走来的英雄。从事缉毒工作二十八年，时常深入形势最复杂、毒情最严峻的边境一线，一次次把贩毒分子绳之以法。面对毒贩重金悬赏取他性命，他临危不惧，凭着非凡胆略和过硬本领，三十一次卧底侦查，七次执行境外卧底任务，五次直面生死考验，最终将贩毒集团悉数摧毁。他被评为「中国十大杰出青年」、全国第二届「我最喜爱的十大人民警察」，二〇〇六年被公安部授予「全国公安系统二级英雄模范」荣誉称号，二〇一七年荣获「八一勋章」。

印春荣

独具虎胆、出生入死的
缉毒英雄

云南与毒品泛滥的"金三角"毗邻，既是阻击境外毒品内流渗透的西南门户，也深受毒品侵害。

印春荣就出生在云南边境，从小到大，许多因毒品家破人亡的悲惨故事，经常在他的身边发生。

"我们在边境多查一克毒品，多抓一名毒贩，百姓就少受一份害！"这是印春荣的坚定信念。

在缉毒斗争中，印春荣数百次深入形势最复杂、

边防缉毒官兵，我们整个面临形势是很严峻的，可以说时时刻刻都是面临生与死的考验。平时能忘我，战时能舍身，忠实履行着把好国门的职责。（缉毒）这个事情涉及国家兴旺、民族兴衰的世界性大问题，既然是这个队伍当中的，你肯定要义无反顾地开展这项工作。

——"八一勋章"获得者 印春荣

毒情最严峻的边境一线，一次次把贩毒分子绳之以法；凭着非凡的胆略和过硬的本领，数十次面对毒贩枪口，30多次乔装打入贩毒集团内部卧底侦查。

2002年5月，印春荣乔装成"马仔三哥"只身与毒贩见面，对方不仅枪不离身，还有保镖护卫。面对不利局面，他与毒贩斗智斗勇，最终将毒贩引入包围圈。穷凶极恶的毒贩拔枪拒捕，他赤手空拳夺枪制敌，与战友一道将2名毒贩生擒，当场缴获冰毒53

★ 印春荣

新华社发

公斤，摧毁了一个带黑社会性质的贩毒集团。

2003 年 11 月，印春荣冒死打入国际贩毒集团内部，先后辗转 3 省 7 市，与 2 名毒贩同吃同住 19 天，获取并发出了案件关键情报，最终将日产 20 公斤的冰毒加工厂打掉，缴获毒品 231.86 公斤、毒资 695 万元。

1998 年以来，印春荣作为侦办主力，先后破获贩毒案件 3234 起，抓获犯罪嫌疑人 4246 名，缴获各类毒品 4.62 吨、易制毒化学品 487 吨、毒资 3520 余万元，个人参与缉毒量创公安边防部队之最。

2014 年 8 月，印春荣提任云南省普洱市公安边防支队支队长。3 年来，印春荣先后 30 余次率团与越南、老挝、缅甸边防部门会晤；组织成立"智慧边防"智库小组，经过 30 多次调研论证，在边境一线建成集数字沙盘、远程指挥、无人机巡逻、移动终端核查等为一体的数字化边境管控体系，竖起一道全方位、全时段监管的智能国防屏障。

在印春荣带领下，普洱边防辖区治安案件发案率比 3 年前下降 67%，刑事案件发案率下降 40%，地方党委政府和人民群众满意度达 100%。

在基层走访时，印春荣看到部分少数民族群众生活异常贫困。他多方奔走、呼吁、协调，在西盟县力所乡建立了"依网爱心"传递站，为群众募集到 78 万元的扶贫物资；争取到 32 万元经费，在西盟县、江城县分别建设了爱民茶叶加工厂、黑山羊养殖两个脱贫项目，使辖区贫困群众家庭的收入连年翻番。

结婚 23 年来，印春荣和爱人长期两地分居。一次儿子生病、岳父住院，妻子请假带着生病的儿子到昆明照料老人。当时印春荣正在昆明办案，几次从医院门前经过都不去看望。妻子得知后很不理解，后来才知道丈夫是怕家人被犯罪嫌疑人"反侦查"盯上，既可能导致案件侦办失败，还可能殃及家人。直到那时，妻子才真正明白丈夫一直从事着高危工作，也逐渐懂得了丈夫的大义与大爱。

走上领导岗位后，经常有搞工程的地方老板邀请印春荣吃饭喝茶，但他坚决不去，从不让老板进他的办公室和家门。曾有毒贩当面给他一张 485 万元的存折，求他手下留情，被他断然拒绝。

　　缉毒战场出生入死、军旅生涯勇于担当的印春荣，用实际行动奏响了一名公安边防军人在血与火的洗礼中谱写的时代强音！

（新华社北京 2017 年 7 月 28 日电，新华社记者王东明）

杜富国

性别	男	出生年月	一九九一年十一月
民族	汉族	入伍日期	二〇一〇年十二月

个人简介 贵州湄潭人，现任南部战区陆军某扫雷排爆大队一级上士。

个人事迹 他是忠诚使命、英勇无畏的排雷英雄。

二〇一五年六月，主动请缨参加中越边境扫雷任务，刻苦训练掌握十余种排雷方法，三年多累计进出雷场一千余次，排除地雷和爆炸物二千四百余枚，处置各类险情二十余起。荣立一等功一次，被评为『感动中国二〇一八年度人物』，被表彰为全国优秀共产党员、全国自强模范。二〇一九年被中央军委授予『排雷英雄战士』荣誉称号。二〇一九年九月二十五日，被授予『最美奋斗者』荣誉称号。二〇二二年七月二十七日，荣获『八一勋章』。

杜富国

忠诚使命、英勇无畏的排雷英雄

"你退后，让我来"，六个字铁骨铮铮，以血肉挡住危险，哪怕自己坠入深渊。这是"感动中国"给杜富国的颁奖词。

2018年10月11日，在云南省麻栗坡县老山西侧坝子雷场，杜富国在扫雷行动中发现一枚加重手榴弹，他立即让同组战友退后，独自上前查明情况。突然"轰"的一声巨响，手榴弹爆炸了。生死瞬间

★ 2016 年 4 月 27 日，杜富国在扫雷间隙小憩。

新华社发　黄巧 摄

他下意识向战友方向侧身，遮挡住爆炸冲击波和弹片，用身体护住战友，自己永远失去了双眼和双手。

12年的军旅生涯中，杜富国有过3次重要选择：第一次是参军来到云南某边防团，他原本可以一直当一名优秀的边防战士，但他却选择参加扫雷；第二次是来到扫雷队后，队长发现他炊事技术不错，有意让他当炊事员，但他选择到一线扫雷；第三次是排雷遇险时，他选择让战友退后。

扫雷兵走的是"阴阳道"，过的是"鬼门关"，拔的是"虎口牙"，是和平年代离死神最近的人。杜富国明知这一次次的选择意味着什么，但他为什么义无反顾？

答案写在杜富国的请战书上。2015年6月，他在给连队党支部递交的请战书上这样写道："正如我5年前参军入伍时一样，那时我思索着怎样的人生才是真正有意义有价值的。唯一衡量的标准，是真正为国家做了些什么……

★ 2016年10月24日，在云南麻栗坡，杜富国展示自己排除的1枚地雷。

新华社发　杨萌 摄

★ 2019 年 7 月 2 日，中宣部、中央军委政治工作部、共青团中央在北京人民大会堂联合举行杜富国同志先进事迹报告会。

新华社记者 张永进 摄

> 危险大家都是知道的，踏进雷场
> 的那一天，我们已把生死置之度外。
>
> ——"八一勋章"获得者 杜富国

我感到这就是我的使命，一个声音告诉我：我要去扫雷！"

面对生死雷场，杜富国刻苦训练扫雷技能，仅3个月就熟练掌握 10 余种排雷方法，以优秀成绩拿到扫雷"入场券"。3 年间，他先后进出雷场 1000 余次，累计排除地雷和爆炸物 2400 余枚，处置各类险情 20 余起，实现了从"戍边尖兵"向"全能雷神"的转变。

杜富国受伤后，生命垂危，两个手掌当场被炸飞，双眼球破裂，内容物溢出，右眼球造成脱落，大腿根部至面部创伤面积达 90% 以上……

身负重伤、严重致残，对任何人来说都是沉重的

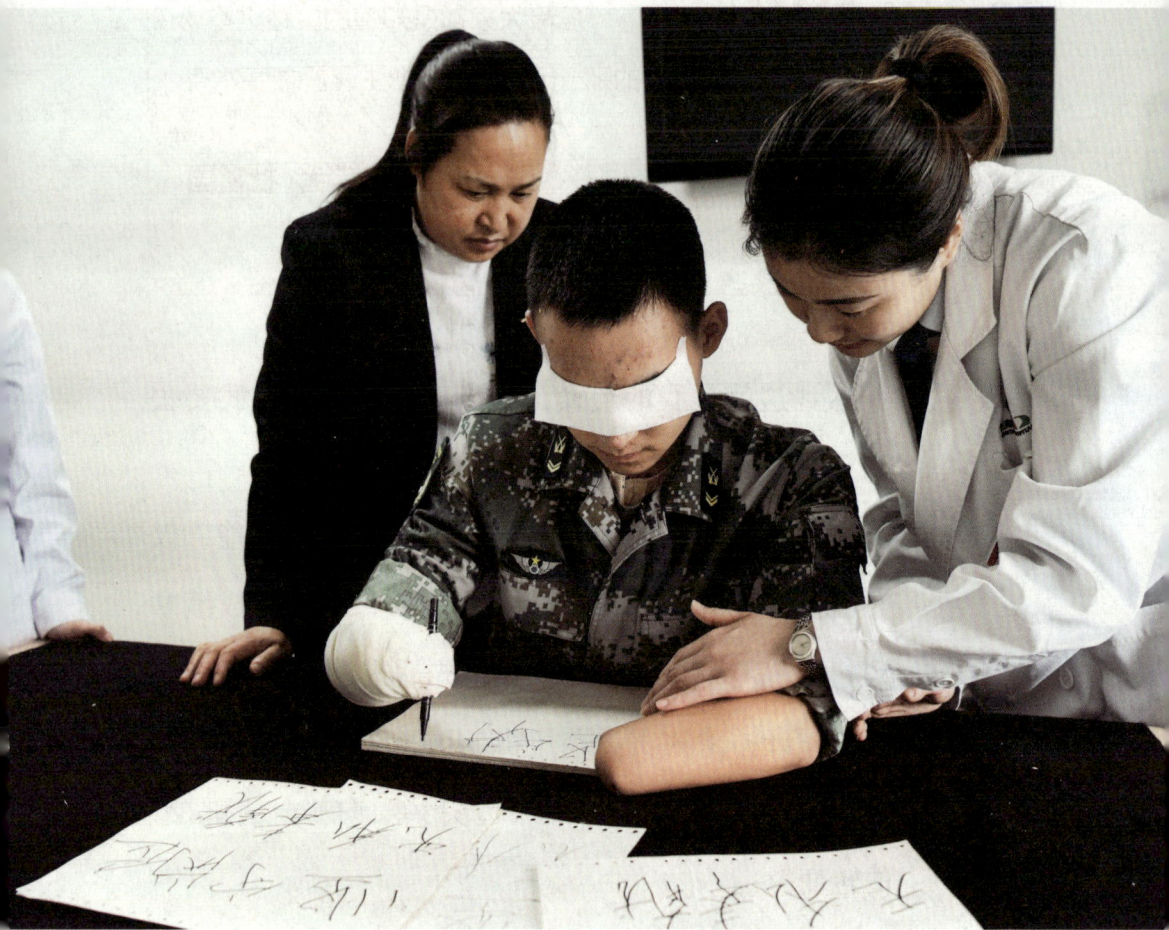

★ 2019 年 4 月 15 日，在陆军军医大学康复中心，杜富国（中）在练习写字。

新华社记者 张永进 摄

打击，但杜富国有着超人般的意志，这也是英雄特有的品质。

三天三夜连续 5 次大手术，从"鬼门关"冲出来的杜富国，恢复知觉后第一反应是询问战友情况如何，提的第一个要求是："赶紧治好我的伤，我还要去扫雷！"

如何把真实伤情告诉杜富国，部队领导和专家为他制定了多套心理干预方案。然而，这些方案一套也没有用上。得知真实伤情，杜富国沉默了几秒钟，用有些颤抖的声音安慰领导和医生："我知道了，你们放心吧，我会坚强起来的！我不能扫雷了，但我还可以给人们讲扫雷的故事。"

2019 年 7 月 31 日，习近平主席为杜富国佩挂英模奖章、颁发证书，同他合影留念。他举起断臂，向统帅敬了一个特殊军礼。他用这样一种坚强的方式告诉所有人，不管什么时候，他都是一名军人，都会以奋斗的姿态奔跑逐梦。

杜富国以惊人的毅力闯过一道道难关。手术后不到 1 个月，他就让人扶他下床走路；一个半月，他就在病床上支起双肘做平板支撑。他要跑步，在反重力跑台上，一跑就是 10 公里；他要写字，用残肢夹着特制的笔，一笔一画地练；他要播音，从吐字、发声开始，跟着教学课件一字一句地学……

凭着乐观向上的心态、永不言弃的韧劲，杜富国战胜了伤痛和残缺，他能自己穿衣、洗漱、叠被子、开门、跑步、用盲杖走路、用机械手吃饭。

"冲！向前冲，冲啊……"临近终点，在战友提示下，穿着作训服的杜富国，奋力挥动断臂、步伐稳健地在操场上奔跑，额头上渗出晶莹的汗珠。冲过终点后，他像孩子一样笑得很开心。

"听众朋友们晚上好，这里是南陆之声。晚上 8 点，陪伴每一个身穿迷彩的你……"2020 年 3 月 8 日，"富国陪你读好书"系列广播节目依托南部战区陆军微信公众号正式上线。为增强播出效果，杜富国放弃了由他人领读、自己复读、再后期剪辑的制作方式，坚持独立全文背记。

这几年，杜富国以实际行动助力曾经战斗过的麻栗坡县脱贫攻坚；担任重庆市特殊教育中心校外辅导

★ 2019 年 4 月 15 日，在陆军军医大学操场上，杜富国（左二）在家人和战友的陪伴下进行下肢力量康复训练。

新华社记者　张永进 摄

★ 2020 年 1 月 2 日，"排雷英雄战士"杜富国（左）和战友在陆军军医大学操场上跑步。

新华社记者　王全超 摄

员，给失明的孩子带去无限光明和力量。

杜富国先后赴北京大学、陆军边海防学院等军地单位，开展宣讲 30 余次，结合自身成长经历话初心、谈感悟，讲述强军故事，传播"让我来"的精神，激励更多新时代追梦人奋勇前行。

（新华社北京 2022 年 7 月 31 日电，原标题：《"八一勋章"获得者先进事迹》）

钱七虎

性别 男

出生年月 一九三七年十月

民族 汉族

入伍日期 一九五四年八月

个人简介 江苏昆山人，原解放军理工大学国防工程学院爆炸冲击防灾减灾国家重点实验室教授，中国工程院院士。

个人事迹 他是科技强军、为国铸盾的防护工程专家，是现代防护工程理论的奠基人、防护工程学科的创立者。取得国家科技进步一等奖、军队科技进步一等奖等，获国家最高科学技术奖。荣立一等功一次、三等功两次，被表彰为全国优秀共产党员、全国道德模范。二〇二二年七月二十七日，荣获『八一勋章』。

钱七虎

科技强军、为国铸盾的防护工程专家

　　刚参加完某项目鉴定会，钱七虎院士又拎着行李箱，踏上出差的旅程。

　　很难想象，这是一位 80 多岁老人的生活。作为现代防护工程理论的奠基人、防护工程学科的创立者，在许多人早已退休的年纪，钱七虎还像"空中飞人"一般奔波。这样的生活，他并不觉得累，而是感觉"活得很充实，很有成就感，也有幸福感"。

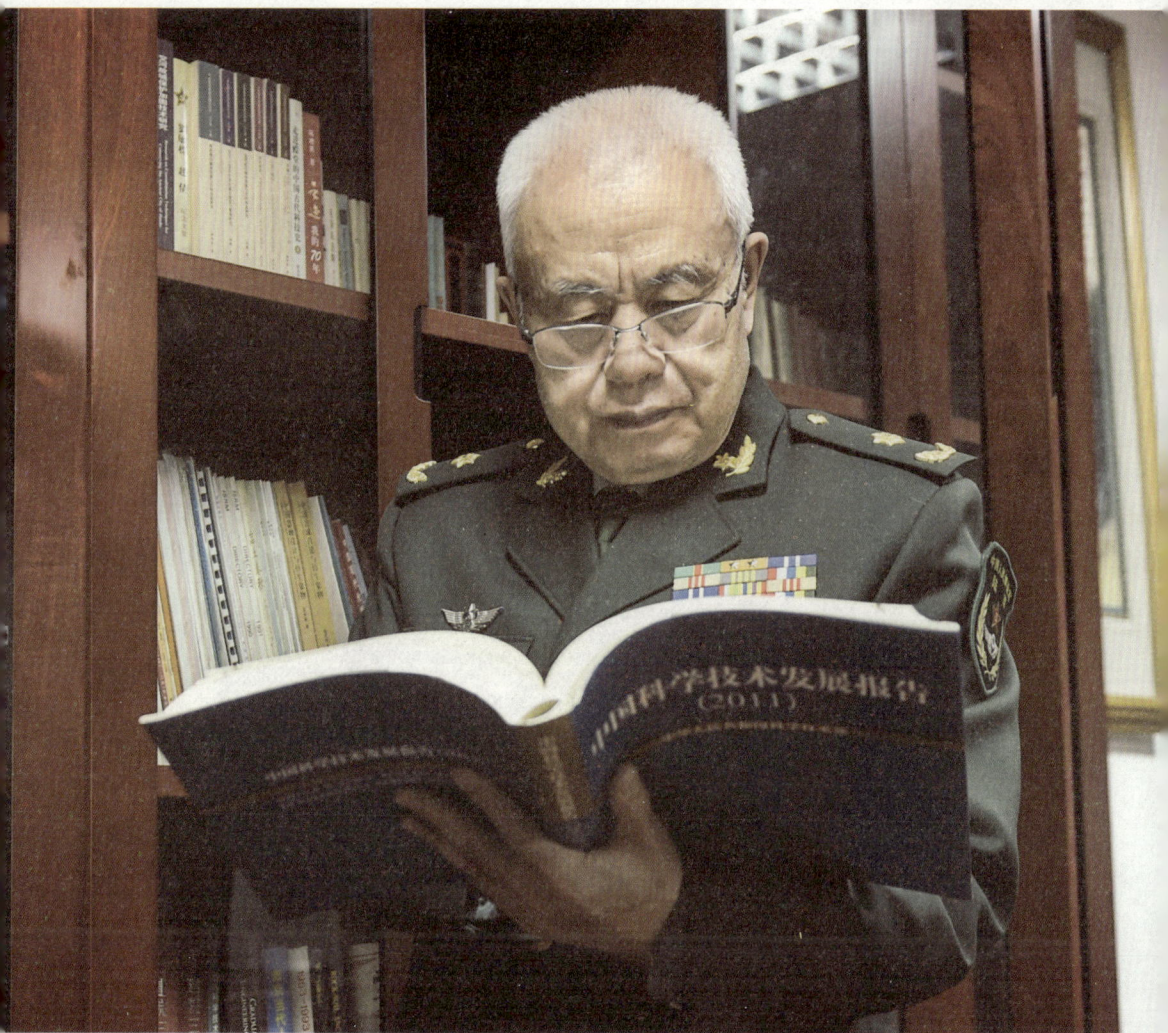

★ 2018 年 12 月 27 日，钱七虎在办公室内阅读。

新华社记者 李博 摄

★ 2018 年 12 月 27 日，钱七虎在办公室内。

新华社记者　李博 摄

"一个人活着是为了什么?"这是 60 多年前钱七虎在哈尔滨军事工程学院就读时,接受的第一堂革命人生观教育课。

奋斗一甲子,投身强国梦。参加工作以来,钱七虎始终坚守爱党、报国、强军的赤子情怀,战斗在大山深处、戈壁荒漠、边防海岛等工程一线,为我国防护工程发展作出了巨大贡献,用实际行动交出了自己的人生答卷:国之需要,我之理想。

初心,是时代镌刻在钱七虎心中永恒的烙印。20世纪 70 年代初,戈壁深处一声巨响,荒漠升起一片蘑菇云……当人们欢呼庆贺时,一群身着防护服的科研人员迅速冲进了核爆中心勘察爆炸现场,钱七虎便是其中一员。

那一年,钱七虎受命为空军设计飞机洞库防护门。为了找准原有设计方案存在的问题,他专门到核爆试验现场调查研究。

经过深入调查思考,钱七虎大胆决定采用刚刚兴起的有限单元法,但这涉及大量的工程结构计算。

当时,国内大型计算机设备紧缺,为了求取最科

一个人，只有把个人的理想与党和国家的需要、民族的前途命运紧密联系在一起，才能有所成就、彰显价值。

——"八一勋章"获得者 钱七虎

学的方案，他来回奔波于北京、上海，利用节假日和别人吃饭、睡觉的空隙打"时间差"蹭设备用。

两年后，他研究的当时我国跨度最大、抗力最高的地下飞机洞库防护门通过成果鉴定时，他却患上了严重的十二指肠溃疡和胃溃疡。

勇于攀登的人脚步从不停歇。紧接着，他又趁热打铁开始"有限单元法在工程结构计算中的应用"的研究攻关。长期的劳累又诱发了痔疮，但他还是坚持每天工作12小时以上，疼得不敢坐，就趴在床上写专著，该专著问世不久就获得全国科技大会重大科技成果奖。

"世间万物，相生相克，有矛必有盾。"当时，我国面临严峻的外部威胁，在钱七虎看来，如果说核武器是对付敌对军事力量锐利的"矛"，那么防护工程则是一面坚固的"盾"。

随着侦察手段的不断更新、高技术武器与精确制导武器的相继涌现，防护工程在高度透明化的战场中，常常是"藏不了、抗不住"，特别是世界军事强国开始研制精确制导钻地弹，给防护工程造成了巨大威胁。

"'矛'升级了，我们的'盾'就要及时升级。"面对一项项世界级国防工程的防护难题，钱七虎带领团队勇攀科技高峰，建立了从浅埋工程到深埋工程防护、从单体工程到工程体系防护、从常规抗力到超高抗力防护等学术理论与技术体系，制定了我国首部人防工程防护标准，解决了核武器和常规武器工程防护一系列关键技术难题。2019年，钱七虎获得我国科技领域最高奖项——2018年度国家最高科学技术奖。

师之大者，为国为民。作为多个国家重大工程的专家组成员，钱七虎在港珠澳大桥、雄安新区、南

★ 2018 年 12 月 27 日，钱七虎（中）与团队成员在实验室内交流。

新华社记者　李博 摄

水北调工程、西气东输工程、能源地下储备等方面提出了切实可行的重大咨询建议。退休后，仍活跃在国家战略防护工程建设前沿，积极为川藏铁路建设、渤海湾海底隧道论证建言献策。

"一个人，只有把个人的理想与党和国家的需要、民族的前途命运紧密联系在一起，才能有所成就、彰显价值。"谈及自己的人生历程，钱七虎的目光中透露出坚定不移的信念。

"把更好的机会留给年轻人"，这是钱七虎的育人理念。2009 年，他主动放弃自己被提名的机会，推荐年轻学者冯夏庭出任国际岩石力学学会主席："世界岩石力学研究中心在中国，冯夏庭年轻有能力、有梦想。"最终，冯夏庭成为目前为止担任该学会主席的唯一中国专家。

"一辈子搞了那么多课题，但我感觉培养人才始终是我最大的课题。"聊起未来，钱七虎充满对人才辈出的殷殷期盼。

数十年来，钱七虎培养的大批优秀人才成为防护工程领域的中坚力量。2019 年，他将国家最高科学

★ 2019 年 1 月 8 日，刘永坦（前右）、钱七虎（前左）在 2018
年度国家科学技术奖励大会上。当日，2018 年度国家科学技术
奖励大会在北京人民大会堂举行，刘永坦、钱七虎摘取我国科
技界最高奖励。

新华社记者　丁林 摄

技术奖 800 万元奖金全部捐助贫困学生，帮助贫困学子圆了上学梦。

"虽然我已经 80 多岁了，但我总觉得还有很多事要做。为祖国铸就坚不可摧的'地下钢铁长城'，是我的毕生追求，也是我的事业所在、幸福所在！"钱七虎表示，有生之年他将继续在为国铸盾的道路上不懈冲锋。

（新华社北京 2022 年 7 月 31 日电，原标题：《"八一勋章"获得者先进事迹》）

聂海胜

性别	男	出生年月	一九六四年九月
民族	汉族	入伍日期	一九八三年六月

个人简介　湖北枣阳人，现任解放军航天员大队特级航天员。

个人事迹　他是矢志报国、三巡太空的英雄航天员。

一九九八年入选我国首批航天员，是首位在轨一百天的中国航天员。他一心只为飞天，始终用遨游太空的壮丽航迹书写对党的无限忠诚，是新时代中国航天事业无数奋斗者攀登者的代表。荣立二等功两次、三等功两次，二〇〇五年被中共中央、国务院、中央军委授予『英雄航天员』荣誉称号，荣获『一级航天功勋奖章』。二〇二二年七月二十七日，荣获『八一勋章』。

聂海胜

矢志报国、三巡太空的
英雄航天员

　　1996 年，聂海胜积极响应党的号召毅然报名参加航天员选拔，从 1500 多名优秀空军飞行员中层层选拔、脱颖而出，1998 年光荣成为我国第一批航天员。24 年来，他始终牢记"为祖国出征太空"的初心使命，始终保持"听从召唤任挑选"的军人本色，坚持刻苦训练、时刻准备，先后 3 次受命备份、3 次领命出征，圆满完成神舟六号、神舟十号、神舟十二

★ 中国航天员聂海胜。

新华社发　徐部 摄

★ 2013 年 6 月 26 日，神舟十号载人飞船返回舱在内蒙古主着陆场成功着陆，图为圆满完成任务的三位航天员张晓光、聂海胜、王亚平（从左至右）自主出舱后挥手致意。

新华社记者　王建民 摄

号载人飞行任务，用遨游太空的壮丽航迹书写对党的无限忠诚。

2003年10月，神舟五号载人飞行任务，聂海胜位列首飞梯队，却与飞天梦擦肩而过。面对提上日程的神舟六号载人飞行任务，他暗下决心：继续努力，绝不放弃！随后争分夺秒全身心地投入选拔训练，他几乎没有踏出过北京航天城，夜里12点前没有睡过觉，在模拟舱里一待就是七八个小时，连周末和节假日都不放过，历经无数次训练，对成千上万个数据了如指掌，熟练掌握了所有飞行程序及操作规程。在备战任务的关键阶段，聂海胜母亲突发脑溢血昏迷，组织特批他回家探望，他仅去了3天就返回投入训练。在不久后的单项考核中，聂海胜考出了整个考核中难得一见的满分，以优异的成绩入选神舟六号乘组。2005年10月12日，聂海胜与同乘组航天员踏雪出征、首战太空，实现从"一人一天"到"多人多天"航天飞行的重大跨越。

2011年聂海胜晋升少将军衔，此时的他早已获得众多殊荣，但他一次次将成绩清零、荣誉深藏，

★ 2021 年 8 月 20 日，在北京航天飞行控制中心大屏拍摄的神舟十二号乘组航天员聂海胜、刘伯明在出舱任务结束后挥手示意。

新华社记者　田定宇 摄

即使身体失重，但是心不会失重。太空浩渺无边，低头下望，只有祖国那片土地让我牵肠挂肚，因为那是我们的根。浩渺梦幻的太空能让人看淡浮华虚妄，却会使人对亲情与国家的认识更加深刻。

——"八一勋章"获得者 聂海胜

参加乘组选拔。他常说："飞行是我的职业，我的使命。无论将军或士兵，都因使命而光荣。只要我还能飞，就要做好一切准备。"2013年6月，聂海胜凭借过硬的素质、丰富的经验、精湛的技术，光荣入选神舟十号乘组、担任指令长，带领两名新战友再次出征太空，手动控制神舟十号载人飞船与天宫一号目标飞行器完成交会对接，同乘组航天员开展太空授课，用航天人特有的方式让全国青少年走近航天、了解航天、热爱航天。

两度飞天归来，初心始终如一。作为航天员队伍里最年长的聂海胜，正常情况下人的生理功能都在衰退，他却用坚定的信念和超常的训练对抗着"自然规律"，和其他年轻航天员一样参与着共同的训练科目，挑战着相同的训练难度，身穿160公斤左右的水下训练服在深水里一练就是6个多小时，在高速旋转的离心机中承受8倍于自身重量的压力，面部肌肉严重变形、呼吸异常困难，圆满完成以空间站基础理论、出舱操作、故障处置为重点的8大类100余项训练，在航天生理功能的骨骼代谢、心肺和心血管功能等方面始终保持在优良等级。

2021年6月，57岁的聂海胜三入太空，面对空间站任务在轨飞行时间更长、操控难度更大、挑战考验更多的情况，他和乘组其他同志密切配合、精细操作，顺利完成神舟十二号载人飞船与天和核心舱自主快速交会对接任务，严密组织2次累计13小时空间出舱活动，在轨验证了航天员长期驻留、再生生保、空间物资补给、在轨维修等空间站一系列关键技术，实现了中国人首次进入自己的空间站，夺取了空间站

★ 2021 年 1 月 2 日，航天员聂海胜在进行空间站任务模拟失重环境水下训练。

新华社发　孔方舟 摄

★ 2021 年 6 月 17 日，神舟十二号航天员出征仪式在酒泉卫星发射中心举行。这是航天员聂海胜（右）、刘伯明（中）和汤洪波在出征仪式上挥手。

新华社记者 李刚 摄

★ 2021 年 9 月 17 日，神舟十二号载人飞船返回舱在东风着陆场成功着陆。这是航天员聂海胜（中）、刘伯明（右）、汤洪波安全顺利出舱。

新华社记者　琚振华 摄

建造阶段首次载人飞行任务重大胜利。

聂海胜用 24 载造就了三度飞天的壮举，成为首位在轨 100 天的中国航天员，见证了中国载人航天事业的辉煌历程，以实际行动兑现了他"一心只为飞天，一生只为飞天"的庄严承诺！面对艰巨繁重的空间站运营阶段各项任务，他坚定表示"我的初心是出征太空，我的使命是圆满完成任务，只要祖国和人民需要，我就义无反顾做好一切准备，随时接受挑选，为祖国出征太空"。

（新华社北京 2022 年 7 月 31 日电，原标题:《"八一勋章"获得者先进事迹》）

★ ★ ★ ★ ★

　　"八一勋章"采用了八一军徽、五角星、利剑、旗帜、光芒和长城、橄榄枝等设计元素。五角星衬托八一军徽，表明中国人民解放军从红军走来，并象征军队至高荣誉；五个利剑组合与五角星相呼应，象征我军是听党指挥、能打胜仗、作风优良的人民军队，具有坚不可摧的向心力、凝聚力、战斗力；旗帜、光芒，象征受勋者在党的旗帜引领下取得辉煌成绩，其事迹和精神也具有旗帜般导向作用，是全军官兵学习的榜样；长城，象征人民军队忠实履行党和人民赋予的神圣使命，坚决捍卫国家主权、安全、发展利益；橄榄枝，象征中国坚定不移走和平发展道路，以及人民军队为捍卫世界和平作出的突出贡献。

附录

一文带你读懂"八一勋章"

"八一勋章"的设立背景

2015年12月25日，中共中央印发的《关于建立健全党和国家功勋荣誉表彰制度的意见》（以下简称《意见》）明确，勋章是党、国家、军队的至高荣誉，主要有"共和国勋章""七一勋章""八一勋章"和"友谊勋章"。

设立和颁授"八一勋章"的重大意义

设立和颁授"八一勋章"，是深入贯彻习近平主席关于功勋荣誉表彰工作重要指示的实际举措，是推进党和国家功勋荣誉表彰制度建设的创新实践，是我军历史上具有标志性意义的一件大事，饱含着习主席对人民军队的深切厚爱，对英模典型的高度褒奖，寄托着聚力推进强军伟业的殷切期望，极大提振军心士气、激发昂扬斗志，必将汇聚实现中国梦强军梦的强大正能量。

"八一勋章"的荣誉定位

"八一勋章"是军队最高荣誉，授予在维护国家主权、安全、发展利益，推进国防和军队现代化建设中作出卓越功勋的军队人员。"八一勋章"由中央军委决定、中央军委主席签发证书并颁授。

"八一勋章"的授予方式

"八一勋章"采取评选授予和普遍授予两种方式产生。评选授予是主要方式，一般每 5 年授予一次，通常在中国人民解放军建军"逢五""逢十"周年时组织，特殊情况下可以及时授予。普遍授予，根据特定

历史时期的任务、特点确定具体条件，对符合条件的
人员均可授予。

"八一勋章"的提名范围

中央军委评选颁授方案明确，首次"八一勋章"
提名范围为：解放军和武警部队现役官兵、文职人
员、职工，公安现役部队官兵，部队管理的老同志。
根据中央《意见》精神，"八一勋章"可授予勋章设
立后去世的人，提名范围内于 2015 年 12 月 25 日之
后去世的可以追授。已获得 1955 年国家确定颁授的
勋章奖章和 1988 年军队确定颁授的功勋荣誉章的老
同志，党、国家、军队对他们的功勋业绩已给予褒奖
和肯定，未列入提名范围。

"八一勋章"的评选条件

主要有四项：一是信念坚定。对党绝对忠诚，
政治意识、大局意识、核心意识、看齐意识牢固，坚

决维护权威、维护核心、维护和贯彻军委主席负责制，在思想上政治上行动上始终与以习近平同志为核心的党中央保持高度一致，坚决听从党中央、中央军委和习主席指挥。二是实绩优异。聚焦聚力练兵备战，忠实履行使命职责，在促进战斗力生成提高、完成作战等重大任务、推进科技兴军、推动国防和军队现代化建设中作出杰出贡献，建立卓越功勋，是本系统本行业的标杆。三是作风过硬。模范践行社会主义核心价值观和当代革命军人核心价值观，自觉实践"三严三实"和"四铁"要求，忠诚、干净、担当，始终保持"四有"新一代革命军人良好形象，特别是在廉洁自律方面要非常过硬。四是群众公认。在部队官兵中具有很高威信，在军内外享有高度赞誉、产生重大影响，堪称忠诚践行强军目标的时代楷模。颁授对象原则上应获得过一等功以上奖励。

颁授对象的遴选原则

"八一勋章"的评选颁授，以习主席系列重要讲话精神为根本遵循，深入贯彻习主席关于功勋荣誉表彰特别是对"八一勋章"评选颁授的重要指示，主要把握四条原则：一是聚焦战斗力标准。把直接服务于战斗力作为衡量人选的主要尺度，重点选拔我军历次作战行动中的战斗英雄、和平时期反恐和缉毒勇士、国防科技领域尤其是战略武器装备方面作出重大贡献的科研专家、练兵备战一线的精武标兵，立起聚焦聚力备战打仗的鲜明导向。二是突出功勋卓越定位。准确把握"八一勋章"授予"在维护国家主权、安全、发展利益，推进国防和军队现代化建设中作出卓越功勋的军队人员"的基本定位，切实把业绩好、贡献大、威信高的人选选出来，确保颁授对象的功勋业绩，与"八一勋章"这一军队最高荣誉相匹配。三是严把政治关廉洁关。严格贯彻评选的政治标准和廉洁要求，颁授对象必须模范践行社会主义核心价值观和当代革命军人核心价值观，自觉践行"三严三实"和"四铁"要求，忠诚、干净、担当，始终保持"四有"新一代革命军人良好形象。四是适度体现代表性。在坚持突出功勋业绩的同时，适当考虑不同单位、行业领域、人员类别的平衡，尽可能使各个领域各条战线都立起学习标杆。

新中国成立以来的两次大范围授勋

1955年，全国人大常委会通过《中华人民共和国授予中国人民解放军在中国人民革命战争时期有功人员的勋章奖章条例》，对在土地革命战争时期、抗日战争时期和解放战争时期的人民军队有功人员，分别颁授了八一勋章和奖章、独立自由勋章和奖章、解放勋章和奖章。1988年，全国人大常委会批准中央军委《关于授予军队离休干部中国人民解放军功勋荣誉章的规定》，对军队离休干部分别授予红星功勋荣誉章、独立功勋荣誉章、胜利功勋荣誉章。

（新华社北京2017年7月28日，新华社记者王东明，原标题：《十个关键词带你读懂"八一勋章"》）

编后记

中国人民解放军作为一支从胜利走向胜利的威武之师、文明之师，95 年峥嵘历程，涌现出的英雄灿若星辰，他们为革命理想而战、为军人荣誉而战，建立的功勋彪炳史册，积淀的革命精神光耀千秋。

2022 年 7 月 27 日，在庆祝中国人民解放军建军 95 周年之际，中央军委隆重举行颁授"八一勋章"和荣誉称号仪式，杜富国、钱七虎、聂海胜等同志荣获"八一勋章"。至此，共有 13 位同志荣获这项军队最高荣誉。

原 91708 部队副部队长麦贤得，是意志坚强、不怕牺牲的钢铁战士；海军工程大学电气工程学院电力电子技术研究所主任马伟明，是心系强军、锐意创新的科研先锋；空军指挥学院原训练部副部长李中华，是挑战极限、勇争第一的试飞英雄；96722部队71分队班长王忠心，是建功基层、爱岗敬业的优秀士官；解放军航天员大队航天员景海鹏，是矢志报国、逐梦太空的英雄航天员；原国防科工委科学技术委员会正军职常任委员程开甲，是忠诚奉献、科技报国的"两弹一星"元勋；山东省枣庄军分区政治委员韦昌进，是视死如归、血战到底的战斗英雄；武警新疆维吾尔自治区总队某支队支队长王刚，是赴汤蹈火、冲锋陷阵的反恐英雄；原81032部队副军职调研员冷鹏飞，是冲锋在前、英勇果敢的战斗英雄；云南省公安边防总队普洱市支队支队长印春荣，是独具虎胆、出生入死的缉毒英雄；南部战区陆军某扫雷排爆大队一级上士杜富国，是忠诚使命、英勇无畏的排雷英雄；原解放军理工大学国防工程学院爆炸冲击防灾减灾国家重点实验室教授、中国工程院院士钱七虎，是科技强军、为国铸盾的防护工程专家；解放军航天员大队特级航天员聂海胜，是矢志报国、三巡太空的英雄航天员。

在他们身上鲜明体现了听党指挥、能打胜仗、作风优良的时代风采,他们是全军官兵的杰出代表,是推进新时代强军伟业的标杆楷模。

本书收录了13位"八一勋章"获得者在维护国家主权、安全、发展利益,推进国防和军队现代化建设中建立的功勋事迹,用生动的文字、图片记录他们忠诚英勇、矢志报国的感人故事,激励全军官兵发扬大无畏的英雄气概和英勇顽强的战斗作风,奋力实现建军百年奋斗目标,推动全社会形成宣传英雄、崇敬英雄、学习英雄的浓厚氛围,激发广大干部群众鼓起奋进新征程、建功新时代的精气神!

本书以新华社公开播发的相关稿件为基础,精心选配79幅照片,图文并茂。为方便读者阅读,根据图书出版的特点要求,对个别字词进行了修改。

因编者水平有限,存在不足之处,敬请读者批评指正。

编 者

2022 年 8 月